LÉON SOULIÉ.

LE SUICIDE
D'UN ARTISTE TOULOUSAIN

PAR

ALFRED SIRVEN

Précédé du Portrait de l'artiste défunt.

PRIX : 50 CENTIMES.

Le produit de la vente de cette brochure est destiné à élever un mausolée à la mémoire de Léon Soulié.

PARIS, GALERIE D'ORLÉANS (Palais-Royal).

TOULOUSE, CHEZ TOUS LES LIBRAIRES.

1862

LE SUICIDE[1]

D'UN ARTISTE TOULOUSAIN.

« Grands hommes, voulez-vous avoir raison demain, mourez aujourd'hui. »

Victor Hugo.

SUR LA PLACE DU CAPITOLE.

— Savez-vous la nouvelle? Soulié.....

— Ah! ne m'en parlez pas, j'en suis navré.

— Comment! lui que j'ai vu dernièrement encore....

— Chez vous, si j'ai bonne mémoire, il allait vous prier de lui accorder un délai....

— Pauvre garçon! si je n'ai pas accédé à sa demande, si je l'ai peut-être un peu tyrannisé, ça été certes bien malgré moi; il l'a compris, du reste, *ce cher ami*, et il ne m'en *voudra pas*.

(1) L'auteur, ayant *improvisé* ces quelques pages en présence des amis de l'artiste défunt qui lui en faisaient *instamment* la demande, prie ses lecteurs de ne point considérer ce travail comme une étude *littéraire*, mais bien comme une participation à une bonne œuvre.

— Je suis, en effet, certain que maintenant il ne *vous en voudra pas*, mais je me souviens qu'en vous quittant il vint à moi, et me serrant la main d'une façon étrange : « Encore deux enfants que je perds aujourd'hui, me dit-il, deux de mes toiles que X... va venir m'arracher en payement. Oh ! que ne puis-je acquitter de mon sang les dettes que les nécessités implacables de la vie me forcent de contracter ; que ne donnerais-je pas ce soir pour ne pas troquer contre quelques écus le fruit de mes veilles , pour ne pas voir s'envoler ces effluves de mon imagination, ces toiles que j'adore parce qu'elles me rapportent en bonheur mille fois les peines, les déboires, les ennuis qu'elles m'ont coûté. Ah ! je dois vous paraître fou, ajouta-t-il en essayant de sourire, il faut être artiste pour me comprendre. Non, jamais vous n'admettrez qu'on puisse porter toute son affection sur un objet *inerte*, créé sans doute dans un accès de délire. C'est pourtant la vérité. Mes créations ne sont pas *inertes* pour moi : ici c'est un chêne qui me rappelle quatre heures d'extase, de doux enivrement. J'y vois encore l'énorme branche sur laquelle j'étais à cheval et le bouquet de feuilles qui servait de pupître à mon album. Non loin, se trouvait une jeune enfant qui faisait rentrer au bercail quelques brebis. Cette bergère est pour moi tout un roman ; elle passait tous les soirs à cinq heures sous mon chêne. Quand j'eus dessiné tous les points de vue que m'offrait l'observatoire poétique que j'avais choisi, je dus quitter ces lieux ; l'art est un beau mais grand tyran, il exigeait d'autre pâture. J'ai appris depuis que la jeune fille aux bluets (c'est ainsi que j'avais surnommé ma bergère) passait toujours auprès du chêne où elle m'avait vu, et qu'elle y reposait souvent pendant plusieurs heures, en proie sans doute au souvenir d'une illusion perdue.

Un autre tableau me représente la maison paternelle; à côté, là, l'église avec son porche majestueux, sous lequel s'amuse l'insouciante jeunesse de Pompignan. Charmants enfants, dans les traits desquels je crois reconnaître leurs parents, mes compagnons d'enfance.

Enfin, cette barque qui glisse sur les eaux tranquilles de ce lac miroitant retrace dans ma pensée une délicieuse après-midi, où, accablé autant par mes travaux que par la chaleur qui était excessive, je m'endormis. J'étais jeune alors, tout auprès de moi disait : *aimez !* les feuilles et les fleurs se mêlaient en de murmurants baisers, et mes pieds effleuraient une toute gracieuse source d'eau vive qui serpentait sur des cailloux étincelants. Ce milieu plein de charmes était bien de nature à faire voltiger autour de moi les rêves agréables. Il me sembla entendre dans le lointain, en effet, des sons séraphiques qui, à mesure qu'ils avançaient, plongeaient mes sens dans d'indicibles transports. C'étaient des voix féminines qui entonnaient une hymne à la nature ; puis, j'aperçus une gondole montée par quatre jeunes filles, dont les flocons de gaze soulevés par le zéphire me permettaient d'admirer les délirants contours. Soudain je vis les eaux du lac se diviser comme jadis celles de la mer rouge, et la gondole s'engloutit. Le cri que je poussai, le mouvement que je fis pour me précipiter au secours de mes vierges d'amour me rappelèrent à la réalité. Mais ô surprise ! sur le lac au bord duquel j'étais étendu, voguait une malheureuse barque de pêcheurs, et l'un de ceux qui la montaient chantait une barcarolle patoise : « La réalité, pensai-je, a sans doute produit le rêve, et je me mis à esquisser ce que je voyais.

Enfin, que vous dirai-je ? J'ai chez moi quelques milliers de dessins populaires que je mets au-dessus de tous les autres. Le peuple ! voilà mon Dieu à moi. J'adore le Créateur dans la créature ; pour moi tous les hommes sont égaux. J'aime celui dont le lot ici-bas n'a pas été beau, j'aime l'homme qui demande à un rude labeur le pain de chaque jour. J'aime l'ouvrier. Son sort a été ma pensée dominante, et si je n'ai pu écrire en sa faveur, mon pinceau du moins ou mon crayon a retracé le mieux qu'il m'a été possible ses joies comme ses douleurs, sa pauvreté, sa misère. J'ai montré l'intérieur du pauvre avec son âtre délabré, ses murs crevassés, ses carreaux de papier et la porte tremblottante aux ais disjoints.....

« Et voilà que tous les jours on m'enlève quelques-uns de ces souvenirs !...... »

Ainsi me parla Soulié, et je vis perler une larme sous sa paupière. Le soir même, monsieur, deux de ses meilleures compositions étaient vendues à vil prix pour acquitter votre dette, trop criarde pour qu'il la laissât en souffrance.

— Vraiment ! Oh ! si je l'avais su... Ce pauvre Soulié ! mais aussi il était froid avec moi, il aurait dû m'avouer sa position. Je ne suis pas un Gobseck, que je sache. On parle, que diable ! Et pourquoi ne m'a-t-il pas payé en peintures ; maintes fois je lui ai fait des commandes, et, rien. Impossible de se faire servir. Quand on veut *travailler*, quand on fait un *métier* on s'en occupe, on agit consciencieusement, sans quoi adieu les pratiques, plus de clients.

— Fort bien, continuez. Il fallait pour vous plaire que Soulié vint s'humilier devant vous, vous prier, vous supplier d'avoir pour lui, pour son talent, quelques égards ; il fallait que Soulié étalât à vos yeux protecteurs sa position précaire, ses tiraillements incessants ; il fallait qu'il égrénât devant vous le chapelet de ses déboires, alors peut-être auriez-vous consenti à lui devenir de quelque utilité. De plus Soulié aurait été le plus grand artiste du monde et le plus recommandable sans nul doute, s'il avait sacrifié l'art au *métier ;* s'il avait travaillé à l'heure et à la toise ; s'il avait confectionné ses toiles au gré des acheteurs, et en suivant leurs avis ; s'il s'était mis à l'œuvre à toute heure du jour, son bras mu par une force mécanique dont la vitesse eût été mesurée par les clients.

« Mais il me faut attendre l'inspiration, aurait crié l'artiste. »

Attendre l'inspiration, paresseux, travaillez, ou sinon pas de pain, Allez, allez toujours. Entassez toiles sur toiles ; vous voulez faire de l'art, malheureux, c'est un prétexte pour fainéanter. Puis on *pose* pour l'homme élu de Dieu, inspiré par moments. L'artiste à inspiration est assez semblable à la femme qui a *ses nerfs*, ils sont tous deux *intéressants*.

Et puis, qu'est-ce que l'art, je vous le demande ? un mot vide de sens. Vous êtes peintre, un autre est musicien, un troisième est tailleur ou bottier ; et si ce dernier allait dire au client qui lui commande des bottines : Je ne sais, monsieur, quand vous les aurez, il m'est impossible de fixer l'époque, J'ATTENDS L'INSPIRATION ! que diriez-vous ? Allons donc, il faut une fois pour toutes que les artistes comprennent qu'ils doivent descendre des régions éthérées dans lesquelles les fait planer leur imagination exaltée. Nous ne vivons plus aux époques où les amants de neuf sœurs étaient considérés comme des êtres d'élite, dont les âmes vibraient dans des clairons divins. Ces messieurs aux cheveux ridiculement longs, aux costumes baroques, aux paroles affectées, au tout enfin excentrique sans originalité, qui affichaient un souverain mépris pour « ces bourgeois aux mesquines actions » qui n'étaient pas doués comme eux *du feu sacré*, eh bien ! ces messieurs, ou plutôt *ces génies*, s'ils ne veulent que la misère leur rogne les ailes, doivent ne considérer que ceci : le positif !

L'art est peut-être une belle chose, mais à coup sûr une chose pernicieuse, puisque à peu près tous ceux qui en sont animés vivent privés de tout, même de nécessaire, et meurent aussi misérablement que Soulié.

Conclusion : que les artistes se donnent au métier ; qu'il y ait dans la rue des boutiques de poésie, de peinture, de composition musicale comme il y a des boutiques de charcutiers, de tailleurs ou de bottiers. Voilà, monsieur, ce que vous désireriez sans doute, et voilà ce que Soulié ne comprenait pas, et ce qu'il n'a jamais admis. Le peintre Toulousain, l'artiste que regrettent tous ceux qui l'ont *connu* ne s'est jamais courbé devant qui que ce soit : il avait trop conscience de sa dignité pour descendre jamais à une bassesse. Soulié aimait l'art pour l'art, et il se fût condamné au pain et à l'eau toute sa vie plutôt que de se voir réduit à travailler à *la vapeur*. Voilà pourtant ce que vous auriez voulu. Oh ! votre joie eût été au comble s'il avait affiché sur sa porte :

LÉON SOULIÉ

ARTISTE PEINTRE AU RABAIS

(Surnommé *le Chemin de fer*)

Fait croquis, — Paysages, — Aquarelles, — Peintures à l'huile, — Photographie, — Badigeons, Levées de plans.

En un mot tout ce qui concerne son état.

Va en ville

Célérité, — Promptitude.

PRIX DES TOILES.

Longueur.	1 m. 50
Largeur.	» m. 60
1re Classe, train express.	100 fr.
2me Classe, train mixte.	70
5me Classe, train omnibus.	50

Nota : Voyages dans tous les pays et à toute heure, bureau Bd-Napoléon, 29.

DANS UN SALON MONUMENTAL,

PLACE DE LA BOURSE.

— Connaissiez-vous Soulié ?

— Si je connaissais Soulié ! quelle plaisanterie ! mais c'était mon *intime*.

— Autrefois sans doute, car il me semble que vous ne vous voyiez plus depuis longtemps, et, si mes souvenirs ne me font pas défaut, je crois me rappeler du motif qui amena votre froideur.

— Oh ! une misère, il était si susceptible, ce cher ami. C'était même un défaut qui, chez un artiste d'un talent aussi distingué, m'avait toujours choqué.

— Permettez, il me confia que vous, un de ses bons amis, aviez refusé de l'aider, et même d'une manière assez verte, alors que votre situation pécuniaire vous le permettait sans que gêne s'ensuivît.

— Eh bien oui, contrarié que j'étais sans doute ce jour-là, je lui répondis contre mon habitude. A son tour il me vexa. Mais je ne lui en ai jamais gardé rancune, croyez-le, et je m'attendais toujours à le voir revenir, comme autrefois, serrer la main de son ami. Et hier, tenez, en apprenant sa triste fin et les causes qui l'y ont poussé, je l'ai accusé de ne pas s'être souvenu qu'il avait eu jadis un ami, *un frère*, qui ne l'avait pas oublié et qui se serait fait un plaisir de l'obliger.

— C'est ce que disent ceux qui lui ont refusé des services, alors qu'il était dans le besoin. Et vous étiez son ami ! vous le seriez resté certainement. Etre l'ami d'un artiste de talent ! cela vous flattait, mais tant qu'il s'adressait au voisin, lorsque les nécessités de la vie le saisissaient à la gorge et le déchiraient de leurs griffes acérées. Ah ! l'amitié que l'on porte aux grands hommes, et qui ne ressemble que trop souvent à la vôtre, mériterait bien d'être stigmatisée. Comme l'insecte parasite s'attache à la plante dont le suc est abondant, cette amitié-là se glisse dans le cœur des hommes d'élite dont elle espère retirer des satisfactions d'amour-propre, un profit purement de vanité. Cet *ami* se résout à faire toutes sortes de bassesses pour s'attacher une célébrité quelconque, et une fois qu'il l'a conquise, il a l'avantage d'en éblouir de moins favorisés...... En parlant à tout propos de *mon ami un tel le grand écrivain*, *mon intime chose* l'excellent peintre, *mon cher X.....* le ravissant ténor, — avec *lequel on a diné pas plus tard qu'hier*, — charmant garçon qui me demande toujours :

— Comment m'as-tu trouvé dans ce rôle ?

— Je t'ai trouvé superbe, magnifique, tu es un grand artiste.

Ingénieuse façon de faire savoir que l'on tutoie et que l'on est tutoyé par le *ravissant ténor*. — Ce qui n'empêche pas d'en dire du mal à l'occasion.

AU CAFÉ TIVOLIER.

— Quelle perte, monsieur, les arts viennent de faire, ce pauvre Soulié ! quelle castastrophe ! mourir lorsqu'on possède autant de génie ! car c'était un homme de génie, je l'ai toujours dit et je le répète hautement. Je ne connaissais Soulié que de réputation, malheureusement, car peut-être, si j'eusse été à la place de tant d'autres qui l'entouraient......

— Il faut convenir qu'il a eu une bien sotte idée de mettre fin à ses jours d'une aussi déplorable manière, et je ne vous cache pas que je le soupconne d'avoir voulu, en rendant sa mort si publique, si scandaleuse, faire parler de lui.

— Ah ! c'est mal à vous de penser ainsi. Soulié était assez connu pour se passer d'une telle réclame.

— Mais enfin, qui peut l'avoir poussé...

— Ah ! monsieur, des chagrins de famille sans doute.

— Non certes. Savez-vous que ses œuvres vont être très-recherchées maintenant ?

— Ah ! je le crois bien. Quant à moi j'en possède douze dont je ne me déferais pas pour.... Que dis-je, j'y tiens trop pour déterminer même un prix. J'aurai toujours un souvenir de lui.

— Vous connaissiez donc beaucoup Soulié ?

— Hélas ! pas autant que je l'aurais désiré. (A ce moment un tiers frappe sur l'épaule de l'interlocuteur et lui dit) :

— Vous devez joliment vous mordre les lèvres de n'avoir pas traité dernièrement avec Soulié pour les quatre aquarelles. Comment ! finaud comme vous l'êtes, vous voilà pris. C'est une perte nette que vous essuyez aujourd'hui. Vous avez heureusement de quoi vous rattraper avec les croquis que vous possédez de lui et dont l'achat, par parenthèse, ne vous a pas ruiné. Lui avez-vous payé toute la somme ?

SUR LA PLACE SAINT-GEORGES,

DEVANT LA SOCIÉTÉ SAINT VINCENT-DE-PAUL.

— Vous savez, sans doute, ce qui vient d'arriver à un de nos peintres distingués, M. Léon Soulié ?

— Non, qu'est-ce ?

— Il s'est précipité hier, vers cinq heures, du haut du clocher de Saint-Sernin. La mort a été instantanée, comme vous devez le penser.

— Ah ! c'est un malheur, en effet, pour les arts, mais comme homme Toulouse n'a pas à déplorer en lui une grande perte. Vous connaissez la réputation de Soulié ?

— Certainement, Soulié était un parfait honnête homme, excentrique parfois, mais chez lui, comme chez bien d'autres artistes, cette excentricité n'excluait pas d'excellentes qualités, les meilleures de toutes, celles du cœur. Je sais que Soulié n'a jamais fait de tort à qui que ce soit et qu'il avait la mémoire des services qu'on lui rendait. Soulié était aimé, non pas peut-être de vous ni des vôtres, mais en revanche de tous ses camarades qui lui ont reproché une chose : d'avoir manqué en maintes occasions de confiance en eux, de ne leur avoir pas fait part des moments plus que critiques dans lesquels il s'est trouvé. Oui, Monsieur, je connais la réputation dont jouissait Soulié parmi les artistes ses amis, ses frères. J'ai été témoin de leurs regrets, de leurs larmes même, et je dis qu'un homme qui a su se faire aimer devait nécessairement en être digne.

— Possible ! possible ! en tout cas je sais, moi, la réputation dont il jouissait parmi nous, et cela me suffit.

— En effet, je comprends cela : un homme qui n'était pas à votre dévotion, qu'on ne voyait jamais dans les petites guérites de pénitence, et qui sacrifiait Ignace dê Loyola au P. Enfantin ! est sans nul doute, suivant vous et les vôtres, un malhonnête homme, un athée, une plaie pour la société, un reptile que la vertu doit écraser du talon. Un artiste ! qu'est-ce que cela, du reste ? un homme indépendant, qui ne s'humilie devant personne, qui a le malheur de se reconnaître son seul maître et dont la rougeur couvre le visage, et dont les doigts se crispent lorsqu'il se voit forcé d'agenouiller sa fierté devant un autre homme, son égal, mais devenu son supérieur par l'injustice du sort, par l'intrigue, la lâcheté, les courbettes et souvent même par l'infamie.

— Votre boutade est bien sévère, Monsieur, et je m'en offenserais, si, chez moi, la philosophie chrétienne n'avait pas depuis longtemps tempéré les passions. Je vous pardonne, et je raisonne au lieu de m'emporter comme vous venez de le faire. Je veux admettre qu'il y a d'honnêtes gens parmi les artistes ; mais leur nature libre les rend en général antipathiques aux autres classes de la société. Et puis, voyez-vous, sans religion....

— Dites sans *démonstrations religieuses*, car les meilleurs chrétiens ne sont pas ceux qui trempent le plus souvent leurs doigts dans la coquille sacrée, et je constate que de nos jours, en certains lieux où brillent dans toute leur splendeur l'hypocrisie, le mensonge, le bigotisme, il y a plus de mérite à garder au fond du cœur sa religion, que de l'afficher en public.

Soulié n'était certes pas hérétique, athée, apostat, etc, etc., il avait, comme tout honnête homme, des sentiments religieux, mais il trouvait inutile d'en faire parade et il haussait les épaules de dédain en présence des machinettes respectueuses dont il était quelquefois le témoin.

— Tant pis pour lui, on n'arrive aujourd'hui qu'en flattant tout ce qui règne. Eh! ma foi, je connais des artistes qui sont moins puritains que lui, sans avoir pour cela un moindre talent. Ainsi *nous* nous plaisons tous à les faire réussir.

— Tandis que *vous* vous faisiez un malin plaisir à nuire autant qu'il était en votre pouvoir à l'artiste que Toulouse regrette aujourd'hui. Relisez l'évangile, Monsieur, et vous verrez si vous et les vôtres avez agi selon les préceptes divins. Votre parti, Monsieur, a le tort de trop négliger l'Évangile : En plusieurs points, ses actes sont en désaccord avec ce livre divin.

— Que voulez-vous dire ?

— Trop de choses, hélas! j'aurais à dire sur ce sujet, et je me borne aujourd hui à ceci : Etudiez l'Évangile, Monsieur, et faites-le étudier aux vôtres, peut-être alors n'aurez-vous pas à vous reprocher la mort des Escousse, des Lebas, des Gérard de Nerval, des Gros, des Millevoye, des Gilbert, des Soulié !

Soulié est mort à Toulouse, le lundi 5 mai 1862, à l'âge de 55 ans. Nous n'avions pas l'honneur de le connaître personnellement, et si nous prenons aujourd'hui la plume pour rendre hommage à sa mémoire et pour détruire de mauvais préjugés que des méchants, des sots ou des jaloux avaient sur lui, c'est que Soulié appartenait à cette classe d'hommes dont la vie entière n'est qu'un long rosaire, qui souffre presque toujours autant de l'injustice que de l'ignorance ou de la mesquinerie humaine. Nous écrivons ces quelques lignes en faveur de l'artiste distingué, prototype du véritable amant de l'art. Nous prenons la défense de l'artiste, parce que nous aimons les athlètes courageux qui tombent dans l'arène, harassés, épuisés par une longue et sanglante lutte. Enfin, et surtout, nous élevons la voix en faveur de Soulié parce que, comme tant d'autres, il a été la victime des coteries religieuses, de tous les faux bonshommes qui encombrent les villes où restent encore quelques bribes de fanatisme, espèces de vers rongeurs qui s'attaquent toujours aux plus beaux fruits.

Nous aimions Soulié comme nous aimons les *vrais artistes*. Et Soulié était artiste. « Tant que les tiraillements de mon estomac me le permettront, disait-il, je ferai de l'art pour l'art et je ne me dessaisirai pas de mes œuvres. » De plus Soulié avait (chose rare aujourd'hui) son originalité propre, il était lui.

« Quel superbe ciel vous avez fait là, lui disait un amateur, on dirait *un Latour*. Après le départ de celui qui venait de lui parler ainsi, Soulié, saisi d'un furieux accès de colère, se mit à *empâter* l'œuvre sur laquelle chacun s'extasiait, en s'écriant : Ah ! je copie *Latour* maintenant, eh bien ! nous verrons.

Un jour un beau parti se présenta pour Soulié : une femme riche et adorable (ce qui ne gâte rien) s'éprit autant pour lui que pour son talent d'un fol amour. Soulié partageait le sentiment de la jeune femme, pourtant il refusa le mariage qu'on lui proposait.

Pourquoi ce refus ? lui demandèrent ses amis.

Parce que ma femme aurait le droit de réclamer tout l'amour que mon cœur renferme et qu'il me serait impossible de le lui accorder. J'aime et je n'aimerai que mon art ; ma femme ne ferait que partager mes affections, et je doute qu'elle consente jamais à cet amour en partie double.

Dire que Soulié était un artiste de talent, c'est répéter ce que personne ne peut contester. Pour s'en assurer, du reste, qu'on aille visiter les salons de M. Lacomme, au Café Américain. On trouvera là des œuvres admirables, deux vues d'Albi et une cascade dans les pyrénées entr'autres, ainsi que la vue de grands arbres formant un dôme gigantesque qui ombrage les eaux tranquilles d'un lac fuyant. Au-dessus des arbres apparaissent les crêtes neigeuses des hauts pics pyrénéens. La perspective de ce tableau est une des choses les plus ravissantes qu'on puisse voir. Le défaut général de Soulié était de charger souvent ses tons ; mais ce défaut, qui devient à la lumière une qualité, est amplement racheté par la beauté du dessin, l'originalité des sujets et le fini des détails.

Parmi les scènes populaires de Soulié, nous en avons remarqué plusieurs qui feraient envie, nous en sommes certain, au maître du genre, Gavarni.

Les œuvres de Soulié ne sont pas, du reste, de celles auxquelles on ne consacre que quelques lignes; nous nous proposons de les étudier mûrement et de les analyser plus tard avec tout le soin et toute l'attention qu'elles méritent.

Comme homme, Soulié était bon, serviable, mais d'une nature essentiellement artistique, fière, indépendante, indomptable, fougueuse même parfois ; s'assujettir à un travail donné et pendant un laps de temps déterminé, fut pour lui chose impossible. « L'art a besoin de liberté pour éclore, répétait-il souvent : c'est déjà bien assez malheureux qu'il se vende ! »

Cette indépendance, qui ne se rencontre aussi noble que chez les natures d'élite, fut maintes fois funeste à Soulié. « Restez auprès de nous, lui disait un jour un de ceux qui lui voulaient du bien, rien ne vous manquera ; je mets à votre disposition : bel appartement, bonne nourriture et de plus 400 francs par mois. » Et pour cela, qu'exigez-vous de mon talent ? répondit Soulié.

— Les tableaux dont vous voudrez bien me gratifier. Nous nous connaissons depuis trop longtemps, Soulié, pour que le mot *exiger* sorte jamais de ma bouche. Je n'exige rien de vous. L'offre que je vous fais est celle d'un ami qui a, comme tant d'autres, apprécié votre mérite et votre cœur.

« Je le sais, cher Lacomme, dit le peintre en prenant la main du directeur du Café Américain, mais je refuse quand même. Je travaillerai pour vous ; toutefois, je ne consentirai jamais, dussé-je mourir de faim, à mettre *mon talent en location.*»

Soulié travailla longtemps pour le général Lejeune dont il était devenu l'ami. En mourant, le brave général recommanda qu'on ne confiât qu'à Soulié le soin de sa galerie de tableaux.

Et maintenant versons nos pleurs sur la tombe de cet artiste que Toulouse la savante a écrasé sous son indifférence, que Toulouse la sainte a laissé mourir de désespoir, après l'avoir laissé toute sa vie en proie *aux usuriers artistiques patentés !*

TOULOUSE, IMP. SAVY ET V. SENS, ALLÉE LOUIS-NAPOLÉON, 10 BIS.

www.ingramcontent.com/pod-product-compliance
Lightning Source LLC
LaVergne TN
LVHW020510230826
846091LV00008BA/3432

* 9 7 8 2 0 1 9 9 8 5 2 2 6 *